Chistes exclusivos para niños

Chistes exclusivos para niños

Editorial Época, S.A. de C.V.

Emperadores 185

03300 México, D.F.

Dos gallegos se están bañando en el club y Venancio le pide a Manolo que le preste su shampoo.

Después de un rato se lo regresa sin usarlo y entonces Manolo le dice:

—¿Qué pasó, por qué no usaste mi shampoo?

—Pues porque este shampoo es para cabello seco y yo ya me lo mojé.

—●—

Un avión de la O.N.U. transporta a varios jefes militares de diversas nacionalidades. El chino va sentado junto al mexicano, en eso se oye la voz del piloto:

—Señores oficiales, a causa de un daño irreparable en una de las turbinas estamos perdiendo altura, por lo que es preciso que la mitad de ustedes se arroje al mar, para que los demás puedan salvarse. Echaremos suertes.

El piloto pone en una gorra los nombres de cada país, y saca el primer papel:

—¡Alemania!

El militar alemán se levanta, camina hacia la puerta, extiende solemnemente su brazo, y al tirarse al vacío grita:

—¡Por la grandeza de Alemania!

El piloto sigue sacando papeles:

—¡Holanda!

—¡Viva la reina Guillermina!

—¡Rusia!

—¡Por el triunfo de la democracia!

—¡Suecia!

—¡Viva el rey Gustavo!

—¡Japón!

—¡Viva Hirohito!

El piloto saca un nuevo papel:

—¡México!

El mexicano titubea unos momentos, mira a su vecino el chinito, lo agarra, lo empuja hacia la puerta y lo avienta fuera del avión al tiempo que grita:

—¡Viva Mao Tse Tung!...

—●—

—¿Por qué dicen que los habitantes del D.F. parecen seres marinos?

—Porque viajan en peseras, delfines y se aprietan como sardinas en el metro.

—●—

Óscar fue al zoológico y vio que uno de los guardias llora:

—Oiga amigo, ¿por qué llora?

—Es que se murió el elefante.

—Ya entiendo, le tenía mucho cariño.

—No, lo que pasa es que yo lo tengo que enterrar.

—●—

Este era un gallego que cada vez que se subía a un avión compraba dos boletos.

—¿Por qué?

—Por si le daba un dolor pasajero...

—•—

—¿Qué le pasa compadre que de un tiempo acá lo noto muy bocón?

—Ah, es que estoy aprendiendo a tocar la trompeta.

—Pero si la trompeta tiene la boquilla así de chiquitita.

—¿A poco por ahí se toca?

—•—

—Oye papi, ¿por qué el mar no se desborda?

—Pues porque tiene muchas esponjas.

—•—

Tres individuos se hallaban en una calle; un ciego, un sordo y el último que no tenía pies. De pronto dice el ciego:

— Muchachos, veo sombras.

El sordo:

— Y yo oigo pasos.

Y el último:

— ¡Sea quien sea, lo agarramos a patadas!

——●——

— ¿Cómo reconoces a un gallego pirata?

— Porque es el único que trae parche en los dos ojos.

El director de la primaria recibe una llamada telefónica:

—Mi hijo no podrá ir hoy a la escuela porque está enfermo.

—¿Quién habla?

—De la casa de los García.

—Sí, pero ¿quién está personalmente al aparato?

—Mi padre, señor.

—●—

—Simón Bolívar fue famoso por su memoria.

—¿Por qué lo dices?

—Porque el otro día vi una estatua que decía: "A la memoria de Simón Bolívar".

—Mamá, ¿todos los niños tenemos dos papás y dos mamás?

—¡No hijo, sólo tú porque eres bizco!

—●—

—¿Cómo reconoces a un gallego en un avión?

—Porque es el único que lleva salvavidas...

—●—

Una noche en el cuartel, el jefe de centinelas observa algo sospechoso en la calle, por lo que le ordena a uno de sus hombres:

—¿Ve aquella luz roja?, acérquese a ella, vea de qué se trata y vuelva a informarme.

El soldado se va y regresa hasta los ocho días.

—¿En dónde estuvo usted? ¿No le dije que fuera sólo hasta la luz roja?

—Sí jefe, pero es que la luz roja estaba en la parte de atrás de un camión...

—•—

—¿Por qué en el ballet todos andan de puntitas?

—Pues para no despertar a los que están durmiendo.

—•—

Spaniards

—¿Por qué los gallegos cierran los ojos cuando se ponen crema?

—No lo sé, ¿por qué?

—Porque dice nivea.

Se presenta un hombre en el registro civil y dice:

— Vengo a cambiar mi nombre: no me gusta como me llamo.

— ¿Pues cómo se llama usted?

— Me llamo Juan Cacas.

— Tiene usted toda la razón. ¿Cómo quiere llamarse ahora?

— Pedro Cacas.

———•———

Entre caníbales:

— Oye Lumumba, ¿te gustó la sopa de abuelita?

— Sí, Kukú, pero fíjate que la extraño mucho...

—•—

—¿Sabes como se dice "está lloviendo" en chino?

—Cayagüita.

—•—

—¿Por qué los gallegos se cuelgan cuando se lavan los dientes?

—Porque en su pasta de dientes dice colgate.

—•—

También entre caníbales:

—Oye Lumumba, ¿qué tal tu sirvienta?

—Pues estaba algo dura y muy cruda...

—¿Qué es una mala nota?

—La mamá de los malanitos.

———•———

Fernando llega de Biafra y cuenta a sus amigos sus aventuras:

—¿Tú sabes cómo meter 50 niños biafranos en un Volkswagen?

—No, ¿cómo puede ser posible eso?

—¡Fácil! Tú nada más echas un pan adentro y ellos se meten solitos.

———•———

Van dos gallegos en un avión de hélice y uno le dice al otro:

—Si serán tontos, con tanto calor aquí dentro y los ventiladores allá afuera.

—•—

Otro de caníbales:

— ¡Ay amigo Lumumba!, no sé que hacer con mi hijo.

— ¿Quieres que te preste mi libro de recetas?

—•—

— Oye, ¿y tu jarrón chino?
— Suizo.
— ¿No que era chino?
— Suizo pedazos.

—●—

—¿Cuál es el mamífero que no tiene dientes?
—No sé.
—Tu abuelita.

—●—

Un amigo le dice a Manolito:
—¿Te cuento un chiste de gallegos?
—No porque se enoja mi papá.
—Dile que yo después se lo explico...

—●—

Un cazador, muy emocionado, cuenta a sus amigos sus aventuras en la selva:
—Venía con todos los de la expedición pero de pronto me perdí, y me vi a mitad de la selva ¡solo! y bueno... que empiezo a caminar cuando, no sé de dónde, que me encuentro de frente con un león a unos cuatro metros.

—¿Y qué hiciste?

—Que empiezo a caminar hacia atrás, y el león empezó a seguirme. Yo caminaba hacia atrás y el león frente a mí siguiéndome, en eso que choco contra un árbol. Como pude me levanté y seguí retrocediendo, pero el león ya estaba en mi cara. ¡Sí, en mi cara! De pronto, me hace: "¡Puff!".

—¿Cómo que "puff", si los leones hacen "grrr"?

—Bueno, es que éste estaba de espaldas...

—¿Anda por ahí Thomas?

—¿Qué Thomas?

—Un refresco, por favor.

—●—

Un señor tenía tan mala suerte, que cuando compró un circo...

...Le crecieron los enanos.

—●—

— ¿Cuál es el único vehículo que está prohibido en el cielo?

— No sé.

— La bicicleta.

— ¿Por qué?

— Porque tiene diablos.

—•—

Dos loquitos en el jardín del manicomio caminan de frente a la banca, de pronto uno de ellos se voltea y aplasta a un caracol.

—Pobre caracolito —dice el otro—, ¿por qué lo mataste?

—Es que me puse nervioso, nos venía siguiendo desde hace media hora...

—•—

—¿Cuál es el enemigo de Peter Pan?

—Pues Peter Pri.

—•—

La mamá de unos niños muy pobres les dice:

—Tomen asiento niños, porque es lo único que van a tomar hoy.

—●—

El loco más rico del manicomio invita a todos los locos al jardín, donde tiene más de cien botes de diferentes colores, y les pregunta:

—¿Qué les parece mi exposición de pinturas?

—●—

—¿Qué obra escribió Dante?

—A ver, dame una pista.

—La Divina...

—No, de plano, no la adivino.

—●—

PRIMER ACTO: Aparece el diablo entrando a un W.C.

SEGUNDO ACTO: Aparece el mismo diablo entrando a otro W.C.

TERCER ACTO: Aparece el diablo entrando al W.C.

—¿Cómo se llamó la obra?

—"El diablo anda suelto".

—●—

—¿Qué es una orilla?

—Sesenta minutillos.

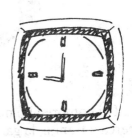

—●—

En una visita guiada por el manicomio, unos niños miran extrañados a tres locos que cuelgan de un árbol.

—¿Qué pasa ahí? —pregunta uno.

—No se fijen, lo que pasa es que esos locos se creen higos.

—Mire, se acaba de caer uno —señala otro niño.

—Sí, es que ése ya está "maduro".

—•—

—¿Cuál es el colmo de un camello?

—Que lo estén "jorobando".

—•—

Un hombrecillo muy raro se acerca a Benita, la gangosa, y le dice:

—Vengo de Marte...

—¿De marte de quién?...

—•—

Un loco está a punto de tirarse del trampolín, cuando el doctor alcanza a decirle:

— Oye, no te avientes, no tiene agua la alberca.

— Me vale, yo tampoco sé nadar.

—•—

— ¿Qué es lo que más te gusta de la escuela?

— La hora del recreo, las vacaciones y el día del niño.

—•—

—¿Cómo se dice náufrago, en chino?

—Chin chu lan cha.

—●—

Era un tipo tan barroso, pero tan barroso, que le decían la cárcel.

—¿Por qué?

—Porque estaba detrás de los barrotes.

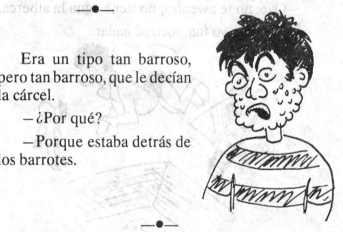

—●—

Un conocedor de arte visita a un nuevo rico y al ver en su pared un cuadro verdaderamente espantoso, le pregunta:

—Oye, ¿por qué colgaste ahí este cuadro?

—Pues, la verdad, porque no encontré al autor.

—●—

PRIMER ACTO: Aparece un llavero.

SEGUNDO ACTO: Aparece el mismo llavero.

TERCER ACTO: Vuelve a aparecer el mismo llavero solo.

—¿Cómo se llamó la obra?

—"El llavero solitario".

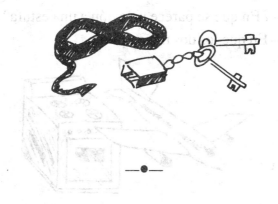

— • —

Un canibalito gritaba a su mamá a la hora de la comida:

—¡Ya no quiero a mi hermanito, ya no lo quiero!

—¡Cállate y síguetelo comiendo!

— • —

Era una señora tan gorda, tan gorda...

...Que en lugar de decirle muchas gracias, le decían "mucha grasa".

—•—

— ¿En qué se parece un avión a una estufa?
— En que los dos tienen piloto.

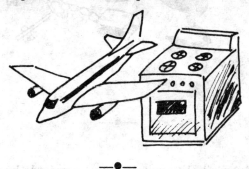

—•—

— ¿Cuál es el mar más sufrido?
— El mar-tirio.

—•—

—¿Cuál es el colmo de un sepulturero?

—No sé, ¿cuál?

—Que su teléfono esté muerto.

— • —

—¡Cómo! ¿Me gané una máquina de coser y me da una olla?

—Pues claro, es una máquina de cocer... frijoles.

— • —

—Oye papá, ¿qué quiere decir un re antes de la palabra?

—Pues significa más, doble, por ejemplo: re-bueno, quiere decir muy bueno; re-fuerte, muy fuerte.

—Que tranquilidad me has dado.

—¿Por qué, Pepito?

—Porque mi boleta de exámenes dice: "re-probado".

—•—

—¿Cuál es la mar más comerciante?

—La mar-chanta.

—•—

—¿Cuál es el colmo de un ciego?

—Que se apellide Buenavista.

—•—

En la clase, la maestra se dirige a Pepito:

—Pepito, ¿en cuántas partes se divide el crá-
neo?

—Depende, maestra.

—¿Depende de qué?

—¡Depende del madrazo!

—•—

— ¿Cuál es el mar más cansado?
— El mar-atón.

— • —

— ¿Cuál es el colmo de un sastre?
— Que tenga hijos botones.

— • —

— ¿Cómo se dice aironazo en vasco?
— Tetumbalagorra.

— • —

La nena le pregunta a su mamá:

—Oye mamita, ¿yo nací de día o de noche?

—De noche, mi' jita.

—¿Y te desperté?

—●—

—¿Cuál es el mar más pegador?

—El mar-tillo.

—●—

Un niño le dice al paletero:

—¿Tiene paletas de coco?

—Sí.

—¿Y no le da miedo?

—●—

—¿Cuál es el mar más futbolero?

—El Mar-acaná.

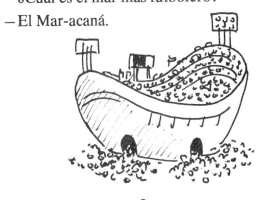

—●—

—¿Cuál es el colmo de un bombero?

—Qué con nada se le apague la sed.

—●—

—¿Cuál es el colmo de Santa Claus?

—Que se caiga del trineo y se dé en la Merri Christmas.

—●—

— ¿Cuál es el mar que no es de este mundo?
— El mar-ciano.

—●—

— ¿Cuál es el colmo de un obispo muy enfermo?
— No tener cura.

—●—

— ¿Cómo se dice metro en alemán?
— No jalen ni empujen, porque estrujan y ajan.

—●—

En la comisaría, el juez le pregunta al acusado:
— ¿Por qué asesinó usted a su esposa?

—Por compasión, señor juez. Me dijo que sufría mucho con un hombre como yo.

—•—

Pregunta el doctor al enfermo:

—¿Guardó usted cama?

—No, porque no cabía en el closet.

—•—

—¿Cuál es el colmo de un enfermo de gota?

—Que en su casa nunca haya agua.

—●—

—¿Cómo se dice camión en alemán?

—Suben, estrujan, bajan.

—●—

Si andas con dos muletas, es que eres cojo.

Si andas con dos maletas, es que eres viajero.

También puedes andar con ellas porque las hayas robado y entonces, eres un ladrón.

—●—

No es lo mismo:

"Mucho éxito con tu cerebro", que:

"Celebro mucho tu éxito".

—●—

—¿Cuál es el colmo de un peluquero?

—Que nadie lo pele.

—•—

—¿Qué es lo único que detiene la caída del cabello?

—El suelo.

—•—

—Estamos seguros que no sabías que un truculento es un señor que hace trucos... despacito.

—Y ¿qué es la clave?

—La esposa del clavo.

—¿Y un mariscal?

—Es un bonche de mariscos.

—•—

—¿Cuál es el colmo de las vacas?

—Que prefieran el futbol a los toros.

—●—

—En el metro, un tipo está molestando a una señorita y ella le dice indignada:

—¡Oiga; se está usted pasando!

—No señorita, todavía me faltan dos estaciones.

—●—

—A ver Pepito, ¿por qué Chucho el Roto solamente robaba a los ricos?

—¡Ay maestra!, porque los pobres no tenían dinero.

—•—

—¿Qué le dijo un arquitecto a otro arquitecto?

—No sé.

—Somos arquitectos.

—Ahora dime: ¿qué le dijo un doctor a otro doctor?

—No sé.

—Nosotros no somos arquitectos.

—•—

—¿Cuál es el colmo de un plomero?

—Que su esposa siempre ande de tubos.

—●—

— ¿Es cierto que tu papá es banquero?
— Sí, hace bancos y sillas.

—●—

— ¿Por qué Drácula no chupa a los diabéticos?
— Porque se le pican los dientes.

—●—

La mamá le dice a Pepito.
— Si no te duermes, te daré una paliza.
Al rato se oye la voz de Pepito:
— Mamá, cuando vengas a darme la paliza, tráeme por favor un vaso de agua.

—•—

—Un tipo lleva cargando con mucho esfuerzo un reloj de pared:

—Oiga joven, ¿qué no camina?

—Si caminara no lo llevaría cargando.

—•—

—Qué original venir al baile de disfraces vestido de presidiario.

—Háganme un favor, dentro de poco vendrán unos disfrazados de policías. No los dejen entrar porque me voy a sentir muy incómodo.

—•—

—¿Sabías que una nave es?...

—La esposa del nabo.

—•—

—¿Cómo se dice calzonudo en italiano?

—Mascalzonne.

—•—

—¿Cuáles son las tortas más lentas?

—Las tortugas.

—•—

—¿Sabes qué es una lata?

—Es un animal glis con una cola muy lalga y que le tiene miedo a los gatos.

—●—

—¿Cómo se dice "está bonito" en chino?

—Tachido.

—●—

Adivinanza:

—Blanca y hermosa va por el cielo, mas cuando llueve todo lo empapa, sin más revuelo.

—La nube.

—●—

Un judío platica con un regiomontano:

—He descubierto un buen truco. Cuando voy con mi novia al cine la cito dentro de la sala; de esta manera, ella tiene que pagar su entrada, ¿qué tal?

—Tas loco güerco, así tendría yo que pagar mi propia entrada.

—•—

—¿Qué le dijo Pluto a Lassie?

—Nos vemos en el festival de canes...

—•—

—¿Cómo se dice: "aguas que te araña mi gatito", en chino?

—Tiataka mishito.

—•—

—Había un cuate tan, pero tan, pero tan...

—Que parecía campana.

—•—

—Blanco por dentro, verde por fuera, si quieres que te lo diga, espera.

—¿Qué es?

—La pera.

—•—

—¿Cómo se dice "no entiendo nada", en japonés?

—Nintendo.

—•—

—¿Por qué llega tan tarde el ciempiés a la escuela?

—Porque tarda mucho en abrocharse las agujetas.

—●—

Un borracho que llega como araña fumigada es recibido por su furiosa mujer:

—¡De veras que ya ni la amuelas, prometiste no volver a poner un pie en la cantina!

—Y te cumplí, vieja. Entré a gatas y me sacaron cargando.

—●—

—¿Cómo meterías a 25 judíos en un Volkswagen?

—Pues en el cenicero...

—¿Y... a 25 biafranos?

—Pues echándoles un hueso adentro del vochito...

—Y... ¿a un elefante morado?

—No sé.

—¿Te das? Pues pintándolo...

—●—

—¿Cómo se dice: "Qué bonito gato" en japonés?

—Kimono bishito.

MIAUWU

—•—

—Si en Estados Unidos llaman a los bomberos: "¡Fire, fire!", ¿cómo los llaman en México?

—Por teléfono.

—•—

Llegan dos inditos al D.F., y luego, luego van a conocer el edificio de la Latino, medio asustados entran al elevador, y les pregunta el elevadorista: ¿A cuál piso?

Y dice el más asustado:

—A mi compadre, a mi compadre...

—•—

—¿Cómo se dice fantasma en japonés?

—Aynatita.

—•—

—¿Cuál es el pez que usa corbata?

—El pes-cuezo.

—•—

Un niño canibalito le pregunta a su padre, al ver un avión:

—Apá, apá ¿eso también se come?

—No mijito, nomás lo de adentro...

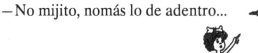

—●—

— ¿Cómo se dice vómito en ruso?

— Vazka.

—●—

— Anoche no pude pegar los ojos.

— ¿Por qué?

— Porque tengo la nariz enmedio.

—●—

La mamá de Jesús lo manda al mercado a comprar perejil, pero Jesús se pierde y al pasar por la iglesia escucha que pregunta el padre:

— ¿A qué vino Jesús?

Y rápido contesta:

— ¡A comprar 20 de perejil!

—●—

—¿Cómo se dice pistola en ruso?

—Fuzka.

—●—

—¿Cuál es el pez menos optimista?

—El pes-imista.

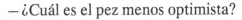

—Adivina adivinador, ¿qué es lo que por más que le quites se hace más grande?

—¿Qué es?

—El agujero...

—●—

—Oye, ¿y por qué a tu cuñado le dicen el acumulador?

—Por prieto, sucio y pesado.

—●—

—¿Cuál es el colmo de la chica con cutis de nalga de princesa?

—Que en lugar de barros, tenga almorranas.

—●—

—¿Cuál es el animal que más se parece al elefante?

—Pues el hijo del elefante.

—●—

— ¿Cuál es la canción del platanito?

— "Dominico, nico, nico, que pobremente por ahí va él cantando"...

—●—

— ¿Cuál es el colmo del cura Miguel Hidalgo?

— Ponerle un curita en su costilla.

—●—

La maestra escribe en el pizarrón:

"NO PUEDO DIBERTIRME EN LA PLA-YA"

— ¿Cómo corregirían esto, niñas? — les pregunta, y Lolita y Susi contestan:

— Pues lleve sus muñecas, maestra.

—●—

—¿Cuál es la canción de la palma embarazada?

—"Espera un coco, un coquito más"...

—●—

—¿Cuál es el colmo de la gorda de tus sueños?

—Que sea una pesadilla.

—●—

Un indito le dice al maestro del pueblo que quiere declarársele a la Lola, que le enseñe palabras bonitas, y el maestro le dice:

—Bueno, le puedes decir así, "tienes ojos de lucero, tienes boca de coral y te bajaron del cielo con la corte celestial."

El indito sale corriendo y va repitiendo para que no se le olvide.

Llega con la Lola y le dice:

—Tienes ojos de becerro, tienes boca de corral y te bajaron del cielo por bruta y por animal...

—•—

—¿Cuál es la canción del oso miedoso?
—"No sé por qué soy oso y tiemblo".

—•—

—¿Cuál es el colmo de una gorda indiscipli-nada?
—Que la metan en cintura.

—•—

—¿Sabes cómo se dice pañuelo en nipón?
—Ti sako tu moko.

—●—

— ¿Cuál es la canción de las mil tortas?

— "Mil tortas tú, y tú, y nadie más que tú".

—●—

— ¿Cuál es el colmo de un hombre con los brazos amputados?

— Que lo dejen rascarse con sus propias uñas.

—●—

— ¿Sabes cuál es el agua más verde?

— El aguacate.

—●—

— ¿Cuál es la canción de la pregunta indiscreta?
— "De quién chon, de quién chon"...

—●—

— ¿Cuál es el colmo de un chimuelo?
— Que, pa' comer, sea de buen diente.

—●—

— ¿Cómo fue el accidente?
— Mire, ¿ve usted aquella barranca?
— Sí...
— Pues yo no la vi.

—•—

— ¿Cuál es la canción del Paraguay?

— "Paraguay en adelante ya el amor no me interesa".

—•—

— ¿Cuál es el colmo de un estudiante sordo?

— Que le pongan orejas de burro.

—•—

— Fíjate que ayer llevaron a mi abuelita a sacarle tres dientes.

— ¿No que tu abuelita ya no tenía ni uno?

—Sí, pero la llevaron a sacárselos de la panza porque se los había tragado.

—●—

—¿Cuál es la canción del que se sintió cerveza?
—"Me sentí superior a cualquiera".

—●—

—¿Cuál es el colmo de un calvo?
—Sentirse de pelos.

—●—

Dice el mesero:

— Siento que no le guste el caldo de gallina, le dijeron a la nueva cocinera cómo hacerlo, pero creo que no agarró la idea.

— Yo creo que lo que no agarró fue la gallina.

—•—

— ¿Cuál es la única ciudad japonesa donde no te dan cambio de lo que compras?

— No lo sé.

— ¿Te das?

— Sí.

— Lokaido, Kaido...

—•—

— ¿Cómo se dice en africano "Camisa grande"?

— Taguanga, lamanga.

—•—

—¿Cuál es el colmo de un mudo que no se baña?

—Que su apariencia hable mal de él.

—•—

—No es lo mismo el río Misisipí, que:

—Me hice pipí en el río...

—•—

En la aldea del gran jefe Nube Negra todos están muy preocupados porque gran jefe hace una semana que no puede hacer "popó". El brujo ha probado de todo y nada de nada, así que decide mejor ir a ver al médico del pueblo y le dice:

—Doctor, gran jefe, no caca.

Entonces el doctor le pregunta:

—¿Desde cuándo no hace?

—Pues hace ya 7 lunas con 7 soles.

El doctor le da una purga para que se la lleve al gran jefe.

A los dos días regresa el brujo y le dice:

—Doctor, gran jefe, no caca.

Al darse cuenta que las purgas no le han hecho efecto al gran jefe, el doctor decide darle una purga para caballo, se la entrega al brujo para que se la lleve.

Al otro día regresa el brujo con el doctor y le dice:

—Doctor, gran caca, no jefe.

—¿Cuál es el colmo de un manco?

—Que nadie le eche una manita.

—•—

— ¿Cómo dices en japonés "brasiere"?
— So tiene tu chichi.
— ¿Y "ya no tienes novia"?
— Te kité tu chika.

—•—

Llegan dos inditos con el juez a registrar a su recién nacido:
— ¿Cómo quieren ponerle? —pregunta el juez.
— Oye Pancha, ¿cómo habíamos dicho?
— No mi recuerdo pero era con "G".
— ¿Tal vez Gustavo? —pregunta el juez.
— No.
— Gabriel, Gonzalo, Gregorio...
— ¡Ah!, ya mi acordé.
— ¿Cómo, entonces?
— Gelipe.

—•—

—¿Cuál es el colmo de un albino?

—Que jueguen con él al tiro al blanco.

—•—

—¿Cuál es el colmo de un poliomielítico suicida?

—Que por más que quiere, no puede estirar la pata.

—•—

— ¿Sabes cómo se dice pan en africano?

— No.

— Bimbo, Bimbo...

—•—

NUMERACIÓN CHILANGA:

UÑAS	=	1
DUQUES	=	2
TRIPAS	=	3
CUADROS	=	4
QUINQUES	=	5
SIXTOS	=	6
CIEGOS	=	7
CHOCHOS	=	8
NONES	=	9
DIEGOS	=	10

—•—

— ¿Cuál es el colmo de un velador tuerto?

— Que le digan: "Ahí te encargo que le eches un ojito al negocio".

—•—

En un restaurante:

—¡Mesero!, llevo media hora hablándole, ¿qué no tiene orejas?

—Sí señor, ¿las quiere fritas o en vinagre?

—•—

—¿Cuál es el mar más sucio?

—El mar-rano.

—●—

—¿Cuál es el colmo de un tipo con las piernas amputadas?

—Que esté pensando en dejarse crecer las patillas.

—●—

—¿Sabes cómo se dice "qué calor hace", en japonés?

—Toditos sudamos.

—Y ¿cómo se dice espejo en chino?

—Ai-toi.

—●—

—¿Cuál es el mar más alegre?

—El mar-iachi.

—•—

— ¿Cuál es el colmo de un caballo?

— Ser de pura sangre.

—•—

Llega el inspector de zona y pregunta al maestro:

— ¿Cómo puede usted detectar de entre sus alumnos cuáles serán los futuros viajeros del espacio?

— Muy fácil, sólo me fijo en los que están siempre en la luna.

— •—

—¿Cómo se dice coche deportivo en japonés?
—Tachido tukaro.

— •—

—¿Cuál es el colmo de un borrego?
—Ser un pobre prángana, sin lana.

— •—

—¿Saben cómo se dice bebé en chino?
—Ta miao.

—●—

— ¿Cómo se dice "sangrón" en japonés?
— Mamuko.

—●—

— ¿Cuál es el colmo de un cerdo?
— Que su esposa sea una marrana.

—●—

Entre caníbales:
— Oye Tamú, ¿por qué estás repite y repite?
— Es que me comí a un tartamudo.

—●—

— ¿Cómo se dice "calvo" en japonés?
— Ta pelón.

—●—

—¿Cuál es el colmo de un militar pedorro?

—Que se le salga un pedo con todo y escolta.

—●—

—¿Cuál es el santo de los de sangre pesadita?

—San Grón.

—●—

—¿Cómo alivias a quien se pegó la cabeza, en japonés?

—Tisobo tatema.

—●—

—¿Cuál es el colmo de un domador de circo que no se baña?

—Que le rujan las panteras.

—•—

— ¿Cuál es el colmo de un vendedor de *hot dogs* de carrito?

— Que tenga un perro caliente.

—•—

En el consultorio del doctor:

— Vamos a ver, empezaremos por hacerle unas preguntas.

— ¡Guau, guau!

— Y dígame, señor, ¿desde cuándo se siente usted perro?

— ¡Ay doctor, desde que era cachorrito!

—•—

—¿Cuál es el santo de las frutas?
—San Día.

—•—

—¿Cómo se dice en japonés "la comida está sabrosa"?
—Tamena tusopa.

—•—

—¿Cuál es el colmo de un carpintero?
—Que se le ponga dura la cola antes de untarla en la silla.

—•—

Un mosquito le dice a su mamá:

—Mami, ¿me dejas ir al circo?

—Sí, mosquito, pero no te acerques por donde estén aplaudiendo.

—•—

—¿Cuál es el santo de las cocineras?

—San Cochado.

—•—

—¿Sabes cómo se dice en japonés "mal aliento"?
—Tejiede tuocico.

—•—

—¿Cuál es el colmo de un relojero parrandero?
—Que sus amigotes nomás le den cuerda.

—•—

El marido codo escucha a su mujer:
—Querido, quiero que me compres un vestido de noche.
—¿Cómo crees, vieja? De noche todas las tiendas están cerradas.

—•—

—¿Cuál es el santo de los levantadores de pesas?
—San Són.

—●—

El peluquero "canijo" le dice al calvo:

—Ya sé cómo podrá conservar su pelo.

—¿Cómo?

—Guárdelo en una cajita.

—●—

—¿Cuál es el colmo de un jardinero desempleado?

—Que no le den trabajo de planta.

—•—

La criada llega corriendo ante la señora:
— ¡Señora, señora!, el niño se hizo caca.
— Pues límpialo, Torcuata.
— No seño, es que se cayó por la ventana.

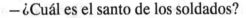

—•—

— ¿Cuál es el santo de los soldados?
— San Bomba.

—●—

Un calvo le pregunta a su peluquero:
— ¿Qué será bueno para la caída del cabello?
— La resina.
— ¿La resina del árbol?
— No, la resina... ción.

—●—

— ¿Cuál es el colmo de un lavaplatos?
— Que lo traigan en friega.

—●—

—¿Cuál es el santo de los mosquitos?
—San Cudo.

—●—

Dice San Pedro al Señor:

—Maestro, quise caminar sobre las aguas como tú, pero me hundí.

—¡Ah qué Pedro, pues vete como yo, por las piedritas!

—●—

—¿Cuál es el colmo de un peluquero?
—Tener una hija de pelos y no pelarla.

—●—

— ¿Cuál es el santo de los locos?

— San Lucas.

—•—

Jesús les dice a sus apóstoles:

— Vamos a subir a la montaña, tome cada quien una piedra.

Y cada uno de sus apóstoles toma una, sólo que Judas toma una chiquitita.

Cuando llegan arriba, les dice Jesús:

— Su piedra se les convertirá en pan —por lo que a Judas apenas le toca menos de medio bolillo.

A la siguiente semana, vuelven a subir a la montaña y Jesús les pide lo mismo, así que Judas decide cargar una piedrota con la que apenas puede, y cuando llegan a la cima Jesús se dirige a ellos diciéndoles:

— Ahora, usen sus piedras de asiento, pues traje tortas.

—•—

—¿Cuál es el colmo del vidriero?

—Que al colocar un vidrio se le afloje el mastique.

—•—

—¿Cuál es el santo más apestoso?

—San Itario.

—•—

—¿En qué se parece el SIDA a la iglesia de mi pueblo?

—No sé.

—En que no tiene cura.

—•—

—¿Cuál es el colmo de un mesero?
—Que le colmen el plato.

—•—

—¿Cuál es el santo más curador?
—San Atorio.

—•—

Y hablando de músicos:
—¿Sabes quién es el compositor de los "listos"?
—No, ¿quién?
—Vivaldi.

—•—

—¿Cuál es el colmo del maratonista?
—Tener pie de atleta.

—•—

—¿Cuál es el santo más comido?
—San Duichito.

—•—

Otra de músicos:
—¿Quién es el compositor de los bebés muy miones?
—No lo sé.
—Rossini.

—•—

—¿Cuál es el colmo de un buzo?

—Que a pesar de estar ojo a visor, se escame al ver un tiburón.

—•—

—¿Cuál es el santo más deportista?

—San Gimnasio de Loyola.

—•—

Y el último de músicos:

—¿Sabes quién es el compositor de los borregos?

—No sé.

—Beethoven.

—•—

—¿Cuál es el colmo del nadador?

—Tener un ojo de pescado.

—•—

—¿Cuál es el santo de los bailarines?

—San Bailón.

—•—

Una mujer lee el periódico y comenta:

—¡Ay, mira qué noticia!

—¿Cuál?

—Ésta que dice: "Encontraron varios esque-
letos en una playa solitaria".

—¿Y qué hacían?

—¡Ay, tú, pues ni que estuvieran esperando el
metro!

—•—

— ¿Cuál es el colmo de un boxeador carnicero?

— Que le metan un gancho al hígado.

—•—

— ¿Cuál es el santo más cuadrado?

— San Marcos.

—•—

Va una caquita echa la mocha en su moto, en eso voltea y ve venir una cacota y ¡zas! acelera, pero la cacota también acelera, zumm, a máxima potencia y voltea y ve que la cacota casi la alcanza, pica el acelerador hasta el fondo, alcanza la esquina y da vuelta a toda velocidad y ve pasar a la cacota y dice:

— ¡Fiuu!, casi me hace caca.

—•—

El turista gringo pregunta al indito:

—Decirme, ¿por qué en este pueblo toudos andar sin zapatos?

—Si será tarugo, mister... Pos porque ansina nacimos...

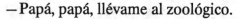

—Papá, papá, llévame al zoológico.

—No mi hijito, si te quieren ver que vengan a la casa...

—•—

—¿Cuál es el perro artista?
—El can-tante.

—•—

El paciente pregunta al doctor:
—Oiga doctor, ¿me podré bañar con diarrea?
—Pues si le alcanza, sí.

—•—

—¿Cuál es el colmo de un boxeador en banca-
rrota?
—Debérselo todo a su manager.

—•—

—¿Cuál es el árbol más loco?
—El ocote.

—•—

Llega un viejito al cielo y San Pedro le pregunta:

—Y usted, ¿cómo se llama?

—No, pues no me acuerdo.

Entonces San Pedro llama a Jesús, quien le pregunta:

—Usted ¿no se acuerda de nada?

—Me acuerdo que tenía una casa, que era carpintero y tenía un hijo.

—¡Papá!

—¡Pinocho!

—•—

—¿Qué es una manguera?

—Es una señora que vende mangos.

—•—

En el hospital del ejército, el médico hace su visita a los enfermos:

—¿De qué está enfermo, soldado?

—De un grano en la colita.

—¿Cuál es su tratamiento?

—Pinceladas de yodo.

—¿Cuál es su mayor deseo?

—Sanar para servir a mi patria.

Pasa con otro soldado.

—¿De qué está enfermo, soldado?

—De un grano en la colita.

—¿Cuál es su tratamiento?

—Pinceladas de yodo.

—¿Cuál es su mayor deseo?

—Sanar para servir a mi patria.

Así el doctor va recorriendo cama por cama, hasta llegar con el último:

—Usted soldado, ¿grano en la colita también?

—No señor, yo tengo anginas.

—¡Ah vaya!, y ¿cuál es su tratamiento?

—Pinceladas de yodo.

—Y... ¿cuál es su mayor deseo?
—¡Que cambien el pincelito!

—•—

—¿Qué es una bodega?
—La mamá de los bodeguitos.

—•—

—¿Le suena a usted un tal Pedro García?
—No señor, me sueno solo.

—•—

—¿Cuál es el lápiz que mata?
—Lapis-tola.

—•—

—¿Cuál es la música más pegajosa?
—No sé, ¿cuál?
—La que se toca en el piano de cola.

—•—

—¿Qué es un agujero?
—Un señor que vende agujas.

—•—

Un "nuevo rico" hace una fiesta en su casa.
Cerca de él una señorita, que se encuentra acom-

pañada de un joven, se le sale un "gas". Caballerosa-
mente el joven se para y dice:

—Disculpen, señores, algo me ha caído mal; con
su permiso, me retiro.

Al nuevo rico lo "impresiona" ese gesto y piensa
en hacer algo similar si tiene la oportunidad.

Al rato, una señora gorda, se tira "tremendo
gas". Entonces el "nuevo rico" se para y dice.

—Señoras y señores, el pedo que se echó esta
vieja, va por mi cuenta.

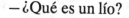

—¿Qué es un lío?
—Una coliente de agua.

—●—

En la última etapa de un concurso de resistencia a los azotes, como ya es sabido, quedan de finalistas el gringo, el ruso y el mexicano.

El primero en ser azotado es el gringo, quien al llegar a los 300 azotes pide a gritos que ya lo dejen en paz.

El segundo en ser azotado es el ruso, quien llega a los 400 azotes y en ese momento da tremendos alaridos para que lo dejen de azotar.

Por último toca su turno al mexicano quien alcanza a recibir 600 azotes. Al ver que no emite gemido alguno, los jueces lo nombran ganador.

Ante esta situación, la porra mexicana que nunca falta se suelta:

—¡A la bio, a la bao, a la bim, bom, ba, el mudo, el mudo, ra, ra, ra!

—●—

—¿Qué es un campeón?

—Un señor que vive en el campo.

—•—

Un abuelo se encuentra contando sus anécdotas a sus nietecitos:

—Recuerdo cuando me caí a un pozo de aguas sucias, y si no hubieran acudido pronto en mi auxilio me hubiera ahogado sin remedio. Figúrense que el agua ya casi me llegaba a las rodillas.

—¿A las rodillas? En ese caso no veo el peligro de que te ahogaras —comenta un nieto muy observador.

—Es que yo me caí al pozo de cabeza.

—•—

—¿Qué es una amiba?
—Lo contrario de una enemiba.

—•—

A un año de ocurrida la explosión de gas en Guadalajara, llega Santa Claus y les dice:

—Si no me recogen su tiradero, no hay regalos...

—•—

—¿Qué le dijo un poste a otro poste?

—Ponte el impermeable porque ahí viene un perro.

—•—

—¿Cuál es el pollo más rápido del mundo?

—¿Cuál?

—El de Somalia.

—¿Por qué?

—Porque todos se lo quieren comer.

—●—

—¿Cuáles son los únicos animales que se pueden comer antes de nacer y después de nacidos?

—Los pollos.

—●—

Un automovilista va por la carretera, de pronto ve un anuncio que dice: "Máxima 40". Aunque va en una carretera recta y no observa el menor peligro, sin embargo baja la velocidad. Al cabo de un rato ve otro aviso: "Máxima 30", vuelve a bajar la velocidad, luego otro anuncio que dice: "Máxima 20" y también le baja. Luego "Máxima 10", por lo que el automovilista va cada vez más despacio, sin entender el motivo de tantas precauciones. Más adelante ve otra vez: "Máxima 5". Por fin, el hombre ya está desesperado, en eso ve un anuncio gigantesco que dice "BIENVENIDOS A MÁXIMA"...

—●—

Van por la calle dos hombres caminando, uno alto y otro chaparrito. El alto lleva paraguas.

—¿Cuál de los dos se moja más?

—El chaparrito.

—Ninguno, porque no estaba lloviendo.

—•—

En una cena de diplomáticos los embajadores de China y de México se sientan juntos. El mexicano, por hacerle plática al chino, pregunta:

—¿Gutó la comida mesicana?

El chino se inclina sin contestar. A la hora de los discursos se levanta el chino y da su discurso en perfecto español. Cuando regresa a su silla se voltea y le pregunta al mexicano:

—¿Gutó disculso?

—•—

—¿Qué le dijo la cuchara al azúcar?

—No sé.

—Nos vemos en el café.

—•—

—¿Cuál es la novia del foco?
—Pues la foca.

—•—

Un niñito africano llega corriendo y le dice a su mamá:
—¡Mamá, el coco se llevó a mi papá!
—No digas tonterías, el coco no existe.
—El coco-drilo.

—●—

—¿Sabes cuál es el perro más afinado?
—Pues el can-tante.

—●—

—¿Qué es algo y nada a la vez?
—Pues el pez.

—●—

PRIMER ACTO: Se encuentra un tipo sentado sobre un montoncito de caca.

SEGUNDO ACTO: El mismo tipo pero ahora sobre el doble de caca.

TERCER ACTO: Sigue este tipo, pero ahora sentado sobre el triple de caca.

— ¿Cómo se llamó la obra?

"Obra bien y llegarás al cielo".

—•—

— ¿En qué se parecen un carpintero y un perro?

— No sé.

— Pues en que los dos menean la cola.

—•—

PRIMER ACTO: Aparece un hombre acuchillado y todo embarrado de caca.

SEGUNDO ACTO: Aparece otro hombre balaceado y también embarrado de caca.

TERCER ACTO: Ahora encuentran a otro hombre ahorcado y también embarrado de caca.

— ¿Cómo se llamó la obra?

"El asesino anda suelto."

—●—

— ¿Cuál es el ave más santa?

— El Ave-María.

—●—

— ¿En qué se parecen una escopeta y una taza de café?

— En que ambas están "cargadas".

—•—

—¿Qué es una milanesa?

—La esposa de un milanés.

—•—

—¿En qué se parece una casa que se incendia a otra deshabitada?

—En que de una salen llamas y en la otra llamas y no salen.

—•—

—¿Qué es una oreja?
—Son sesenta minutejos.

—•—

—¿En qué se parece un sanatorio a una pulquería?
—En que en el sanatorio hay pobres enfermos, y en la pulquería ricos curados.

—•—

—¿Cuál es el ñaco al que le cabe más agua?
—No sé.
—Pues el ti-naco.

—•—

—¿En qué se parecen un niño que tiene frío y una serpentina?

—En que el niño tirita de frío y la serpentina tirita de papel.

—•—

—¿Cuál es el argentino más motorizado?

—No sé, ¿cuál?

—El Che-vrolet.

—•—

—¿En qué se parece un botiquín a la iglesia?

—En que en los dos hay "curitas".

—•—

—¿En qué se parece una taza de café a un cine?

—En que los dos tienen "asientos".

—●—

—¿Cuál es el río más buscado?

—No sé, ¿cuál?

—El Onta-rio.

—●—

Era una señora tan tonta, pero tan tonta, que no compró una coladera porque estaba llena de agujeros.

—●—

Pregunta Manolito a Pepito:

—¿Por qué a tu tío le dicen el cerillo?

—Porque de inmediato se enciende.

—●—

Era un tipo con tantos cálculos, pero tantos cálculos, que en vez de doctor, consultaba a un matemático.

—●—

Llega un mexicano a un lugar muy elegante en Roma y pide una comida corrida. Le explican que ahí no es restaurante, a lo que él contesta:

—Pero si allí dice "Cocina Económica".

—No señor, dice "Concilio Ecuménico".

—●—

Era un campesino tan tonto, pero tan tonto, que se dio cuenta de que no había puesto los bueyes hasta que terminó de arar.

—●—

— ¿En qué se parecen un negro y un crimen perfecto?

— ¿Te das?

— En que nadie puede aclararlos.

—•—

Era una viejita tan pobre, pero tan pobre, que tuvo que morirse sentada, por no tener donde caerse muerta.

—•—

Un recluta no saluda a su capitán y éste le mete santo patadón en las pompis al recluta; al día siguiente vuelven a encontrarse y el soldado tampoco saluda al capitán, por lo que éste le dice muy enojado:

—¿Por qué no me saludó?

—¿Qué no se acuerda que ayer nos disgustamos?

—●—

Era un tipo tan pobre, pero tan pobre, que cuando gritaban: "¡La basura!", decía: "¡Déjenme tres bolsas!"

—●—

—Oye Pancho, te vendo un burro.

—¿Y yo pa' qué quiero un burro vendado?

—●—

Era una señora tan alta, pero tan alta, que no cumplía años, cumplía metros.

—•—

Pos' resulta que allá en la Sultana del Norte un güerco perdió a su perro, un gran Danés Arlequín, y en un ataque de locura corrió al periódico local a ofrecer mil pesos de recompensa para el que lo encontrara. Pensándolo mejor, fue a modificar el anuncio, para que sólo apareciesen doscientos pesos. Pero ya no encontró al empleado de los anuncios, sino a un barrendero y le dice:

—Oiga no veo a nadie, ¿no está el de los anuncios, el gerente, el jefe de redacción, el jefe de información o alguien que me pueda atender?

—No señor, todo el mundo salió a buscar a su perro...

—•—

Era un señor tan arrugado, tan arrugado, que en lugar de ponerse el sombrero, se lo atornillaba.

—●—

—Oye güerca, ¿te gustaría dar un paseo en carro grande con chofer y toda la cosa?

—Pos claro que sí.

—To's córrale que ahí viene el camión...

—●—

Era una mujer tan chaparrita, tan chaparrita, que se enfermaba a cada rato para que el doctor la diera de alta.

—●—

Sucedió en la clase de literatura:

—A ver Lolita, ¿quién escribió Don Juan Tenorio?

Y Pepito le sopla:

—¡Zorrilla!

—¡Zorrillo tú, baboso! —le contesta la niña.

—•—

Era un perro tan bravo, pero tan bravo, que se mordía la lengua.

—•—

Pepito llega a su casa y le pregunta a su papá:

—¿Verdad papá que a los niños que no hacen nada no se les debe castigar?

—Por supuesto que no, sería una injusticia.

—Pues el maestro me castigó por algo que no hice.

—¿Y qué fue lo que no hiciste?

—La tarea.

—●—

Era un señor tan sereno, tan sereno, que cuando lo guillotinaron no perdió la cabeza.

—●—

En la clase de catecismo:

—Dime, Pepito, ¿quién vino de los cielos, quería mucho a los niños, murió, resucitó y volvió a los cielos?

—¡El E.T.!

—•—

Era un caballo tan flojo, pero tan flojo, que cuando le ponían la silla se sentaba.

—•—

La maestra pregunta a Juanito:
— ¿Qué es lo que protege al pétalo?
— ¡Sépalo!
— ¡Correcto! Ahora dime ¿qué es el píloro?
— Ignórolo.

—●—

Era un pueblo tan pobre, tan pobre, que sus semáforos eran en blanco y negro.

—●—

Al salir de la escuela, Pepito le dice a su mamá:

—Por poco me saco un 10...

—¿Cómo que por poco?

—Sí, el que se lo sacó fue el niño que se sienta junto a mí.

—●—

Era un bebé tan feo, tan feo, que su mamá en vez de darle pecho le dio la espalda.

—●—

Pepito está en la sala jugando. De pronto pasa un mosquito junto a él. Lo atrapa entre sus dedos y le pregunta:

—¿A dónde vas mosquito?

—A la cortina.

Pepito lo aplasta y le dice:

—Ibas, güey.

—●—

Había una señora tan friolenta, pero tan friolenta, que hasta a las patas de la mesa les ponía medias.

—●—

Su mamá regaña a Pepito:

—Dime, hijo ¿qué pasó con el peso que te di esta mañana?

—Lo perdí, mamá.

—¿Otra vez?, ayer también lo perdiste.

—Sí, mamá, pero no te preocupes, espero que un día de estos sí gano el volado.

—•—

— ¿Cuál es el colmo de un ciclista?

— Que aunque se bañe huela a rayos.

—•—

La familia de Pepito perdió su casa a causa de un huracán y enviaron al niño a la casa de sus compadres. Pero al otro día la familia recibe este telegrama:

— "Les devolvemos a Pepito, mándenos el huracán".

—●—

— ¿Cuál es el colmo de un reloj de pared?

—Tener cara y no lavársela, tener manecillas y tampoco lavárselas, tener cuartos y no habitarlos, tener medias y no ponérselas, y que camine y no tenga pies.

—●—

—Oye papá, ¿qué los vecinos son muy pobres?

—¿Por qué lo dices, Pepito?

—Porque su hijito se tragó un peso y han armado tremendo escándalo...

—●—

—¿Cuál es el colmo de un panadero?

—Tener una esposa Concha, que sea Campechana.

—●—

—Maestro, maestro.

—Dime Pepito.

—¿Me da permiso de faltar el próximo viernes?

—¿Por qué, Pepito?

—Porque se va a morir mi tío.

—¿Y qué médico te pronosticó que se va a morir?

—No fue el médico, maestro, fue el juez, lo mandó a la silla eléctrica.

—•—

—¿Cuál es el colmo de un burro?

—Que aunque dé muy buenas patadas no pueda ser futbolista.

—•—

Durante la comida, Pepito le dice a su mamá:

—Mamá, ¿me echas la sal?

—No se dice me echas, Pepito, se dice me sirves.

Luego le dice a su mamá:

—Mamá, ¿me echas la ensalada?

—Que no se dice me echas, se dice sirves.

Al otro día, dice Pepito a su mamá:

—Mamá, mi hermanito se sirvió por la ventana.

—•—

—¿Cuál es el colmo de un electricista?

—Haberse casado con una mujer corriente.

—●—

Un gangoso intenta bajarse de la "pesera".

—¡Bagjang!

El chofer acelera.

A la siguiente cuadra el gangoso vuelve a gritar:

—¡Bagjang!

El chofer sigue acelerando, y se había pasado muchas calles cuando otro pasajero le dice:

—Chofer, no sea mala onda, deje bajar al joven.

Y el chofer contesta:

—Nagda másg que nong meg arremegde.

—¿Cuál es el colmo de un agente de tránsito?

—Que lo muerda su perro.

Cuatro amigos están jugando dominó, en eso pasa el gangoso y les grita:

— ¡Juego, juego!

— No, le dicen, ya estamos completos.

— ¡UÉs entojes, émense babojos.

—•—

— ¿Cuál es el colmo de un peluquero?
— Tener un hijo pelado.

—•—

Un día Manolo se encontraba en Marsella y quiso conocer la ópera, sacó un boleto de galería para "Aída". Las gradas estaban bastante podridas, y en el segundo acto, cuando salen unos elefantes a escena, el peso de la gente hace que las bancas se desplomen, pero sin desgracias personales.

Años más tarde, en Nueva York, fue con Venancio a la ópera, también daban "Aída", y así que salieron los elefantes, Manolo le dice a Venancio:

—Agárrate bien que ahora se caen las tablas...

—•—

—¿Cuál es el colmo de una tortuga?

—Que siempre hace concha.

—•—

—Oye Venancio, qué rápido hiciste el rompecabezas.

—¿Rápido?, si lo hice en dos meses.

—Pues si fue rápido porque aquí dice que de 4 a 8 años.

—•—

—¿Cuál es el colmo de un astrónomo?

—Que una estrella no quiera darle su autógrafo.

—•—

Se encuentran Venancio y Manolo, éste último viene leyendo un libro:

—¿Qué lees Manolo?

—Estoy leyendo la historia de la segunda guerra mundial.

—¿La que perdieron los alemanes?

—¿Por qué me cuentas el final? ¡Eso no se vale!

—•—

—¿Cuál es el colmo de un ingeniero?

—Tener la boca llena de puentes.

—•—

—¡Josúa! Manolo, que sigues muy agripado, ¿qué no has tomado la medicina?

—No, Venancio.

—¿Pero por qué?

—¿No ves que el frasco dice: "Consérvese bien tapado"?

—¿Cuál es el colmo de un futbolista?

—Tener tacos en los zapatos y no podérselos comer.

—●—

—A ver Pacorro ¿cuántos huevos con salchicha te puedes comer en ayunas?

—Dos.

—No, ¡rediez! porque con un bocado dejas de estar en ayunas.

Va el Pacorro y le hace la misma pregunta a su esposa y ella contesta:

—Seis.

—¡Jesúa!, si me hubieras dicho dos te hubiera contado un chiste muy bueno.

—●—

—¿Cuál es el colmo de un pato que juega a la lotería?

—Que siempre tenga muy mala pata.

Venancio le dice a Manolo:

—Bájate del coche, hombre y fíjate si funcionan las luces intermitentes.

—¿Cuáles son?

—Las de atrás, Josúa, las de atrás.

—Y... bueno, ¿funcionan?

—Pues verás, que ahora sí, y ahora no, ahora sí, ahora no...

—•—

—¿Cuál es el colmo de un plomero?
—Tener un hijo soldado.

—•—

—¿Qué pasaría si se casaran un gallego y una pelirroja?
—Tendrían ladrillos.

—•—

—¿Cuál es el colmo de Pinocho?
—Que no haya tenido madera de estudiante.

—•—

Un policía sorprende a Venancio haciendo popó en las escaleras de un edificio y le dice:

—Pero ¿cómo se atreve?, ¡jálele pa' la cárcel, ande, vamos!

—¡Jesúa! ¿por qué? Mire ese letrero allá enfrente, ¿cómo dice?

—"Ruta de evacuación".

—Pues eso precisamente estoy haciendo, ¡Jesúa!...

—•—

—¿Cuál es el colmo de un cirquero?

—Que lo agarren en la maroma.

Dos compadres se encuentran y uno le pregunta al otro:

—¿Qué lleva ahí compadrito?

—Ah compadrito llevo mi butefax.

—¿Y qué es eso?

—Es un animalito, hic, de 10 cms. de alto con dos cabezas y de color morado, igualito a un animal prehistórico.

—¡Ah!... ¡Qué interesante!, compadrito, hic, ¿y qué come el butefax?

—Culebras.

—Oiga pero debe estar medio difícil conseguirlas, hic.

—Viera que no, me meto a cualquier cantina y atrapo, hic, las culebras que ven los borrachitos y se las doy.

—Caray, compadrito, hic, pero esas culebras son imaginarias.

—Pues sí, compadrito, mi butefax también...

—●—

—¿Cuál es el colmo de un pingüino?

—Tener alas y no poder volar.

—●—

Dos borrachitos platican en la cantina:

—Oiga, compadrito, hic, ¿sabe usté por qué uno de los Reyes Magos es negro?

—No, compadrito, hic, ¿por qué?

—Es que alguien tiene que cargar los regalos, hic.

—●—

—¿Cuál es el colmo de un jardinero?

—Que siempre la riegue.

—●—

Un borrachito se mete a una iglesia en plena misa y se queda dormido. Cuando el padre empieza a repartir la comunión, se despierta y va a formarse en la fila para comulgar, cuando le toca su turno, el padre le dice:

—Hermano, retírate, tu estado no es conveniente.

—Sí, nada más que me dé mi alka seltzer...

—¿Cuál es el colmo de un dentista?

—Que coma de los dientes de los demás.

—•—

—Oiga compadre, ¿viene de una boda?

—No compadrito, ¿por qué?

—Es que trae la espalda salpicada de arroz.

—¡Ah!, es que me puse a chupar con un chino, y se vomitó.

— ¿Cuál es el colmo de una iglesia?

— Que no tenga curitas.

Un viejito que está ya ¡bien borrachito!, entra a una cantina, pide una botella de tequila y se pone a platicar con otro borrachito:

— Yo soy bien macho —dice el viejito alzando la voz.

— No lo dudo, ¡hic!

— Más le vale, ¿ve a ese par de grandulones que acaban de entrar?

— Sí.

—¡Pues ellos y su madre me lavan los calzones y me hacen los mandados!

Al oír esto los dos grandulones se le acercan lentamente, y el borrachito que está junto a él cierra los ojos y espera lo peor. En eso le dicen los grandulones:

—Ya pa, váyase pa' la casa, ya está usté muy borracho. Y usté joven, disculpe por favor...

—•—

—¿Cuál es el colmo de un pato?
—Que tenga mala pata.

—•—

Dos compadres platican:

—Anoche llegué a mi casa a las doce. Y mi mujer, hecha una fiera, me fue dando de garrotazos al compás de las campanadas del reloj. Doce palos.

—¿Y qué piensas hacer?

—¡Pues llegar a la una!...

—•—

—¿Cuál es el colmo de una gallina?

—Tener patas de gallo.

—•—

—¿Por qué los africanos cuando se bañan se ponen un hueso en la cabeza?

—No sé.

—Porque si no se van por la coladera.

—•—

La maestra le dice a Pepito:

—Oye Pepito, tú le copiaste su examen a Martínez.

—No es cierto, maestra.

—Cómo de que no, y no trates de mentir. Ahí donde Martínez puso "no sé", tú pusiste "yo tampoco".

—•—

Están en una cantina un gringo, un holandés y un chino. El gringo dice:

—Brindo por la bandera de Estados Unidos.

El holandés dice:

—Brindo por los jardines de Holanda.

Y el chino dice:

—Brindo por la muralla china.

Y un mexicano que está en la mesa de junto les dice:

—Yo brindo por Zapata que se echó un pedo, tiró la muralla china, se hizo caca en los jardines de Holanda y se limpió con la bandera de Estados Unidos.

—¿Y por qué no con la bandera mexicana? —le dice el gringo.

—Porque me espina con los nopales...

—•—

Pepito llega con una moneda de cinco pesos y su mamá le pregunta:

—¿Así que estás seguro que alguien la perdió?

—Sí, mamá, yo mismo vi a la señora busque y busque...

—●—

Llegan a casa papá oso, mamá osa y el bebé osito.

—¿Quién se comió mi sopa? —dice el papá.

—También la mía —dice el bebé.

Y la mamá:

—Cállense tontos que aún no les sirvo.

——•——

La mamá de Pepito lo regaña:

—¿Por qué le diste una pedrada a Juanito? Me hubieras hablado a mí...

—Uy mamá, tú tienes mala puntería.

——•——

Los elefantes siempre destruían los hormigueros, así que las hormigas hacen una junta y acuerdan que la próxima vez que pase un elefante se le van a ir todas encima.

Al día siguiente pasa un elefante y miles de hormigas lo cubren, el elefante se sacude y caen todas al suelo, menos una que queda en el cuello.

Entonces todas le gritan desde abajo:

—¡Ahórcalo, ahórcalo!

—•—

La maestra le dice a Pepito en su clase de español:

—A ver, Pepito, si yo digo "fui rica", es tiempo pasado, pero si digo "soy hermosa", ¿qué es?

—Demasiada imaginación...

—•—

El cocodrilo se encuentra al conejo que estaba echando chispas de coraje.

—¿Qué pasa conejo? ¿Por qué estás tan enojado?

—Es que al león se le ocurrió poner baños en la selva y a mí me fue de la patada.

—Pues, ¿qué te pasó?, dime.

—Estaba yo en el baño, y a mi lado estaba el jefe de los elefantes, pero como no había papel me preguntó:

—Oye conejo, ¿sueltas pelito?

—Yo le contesté que no, y ya te imaginarás cómo me fue...

—•—

Pepito asiste a su clase de catecismo y el maestro le pregunta:

—¿Cómo murió Jesucristo?

—En la cruz.

—Muy bien, Pepito, te felicito, tienes diez.

—Híjole maestro, mejor póngame ocho, porque la verdad es que no me acuerdo si fue en la cruz roja o en la verde...

—•—

PRIMER ACTO: Un árabe va a la farmacia.

SEGUNDO ACTO: El mismo árabe compra un mejoral.

TERCER ACTO: Pide un vaso con agua y se toma el mejoral.

—¿Cómo se llamó la obra?

—La toma de la bastilla.

—•—

El maestro se dirige a Pepito:

—A ver Pepito, dame la clase de ayer.

—Pues mire, profesor, hay tablas de encino, de pino, de álamo y otras...

—Pero, ¿de qué estás hablando?

—Pues usted nos dejó de tarea que estudiáramos las tablas, ¿o no?

PRIMER ACTO: Sale una negrita con 3 meses de embarazo.

SEGUNDO ACTO: Sale otra negrita con 6 meses de embarazo.

TERCER ACTO: Ahora sale otra negrita con 9 meses de embarazo.

—¿Cómo se llamó la obra?
—Negro por venir.

—•—

Pepito quiere sobresalir en su clase y comenta:

—Fíjese maestro que soy mago y adivino. ¡Ahorita mismo puedo ver que trae usted unos calzones blancos con rayas azules!

—¡Ah caray!, Pepito. ¿Cómo lo supiste?

—Porque se le olvidó ponerse los pantalones.

—•—

—¿Cuál es el pez que combate las plagas?
—El pes-ticida.

—•—

Pepito escucha a su padre comentarle a su mamá:

—Voy a empezar una dieta y una serie de ejercicios, pero si en un mes no veo resultados, lo dejo todo.

La curiosidad lleva a Pepito a preguntarle a su mamá:

—Oye mami, ¿qué es eso que quiere ver papá?

—Sus pies, Pepito.

—●—

—¿Cuál es el pez que da cobijo a burros y vacas?

—El pes-ebre.

Pepito se acerca al mostrador de informes de un gran almacén, y se dirige al encargado:

— Si viene una señora histérica gritando que ha perdido a su hijo, por favor le dice que estoy en la sección de juguetes.

La señora se dirige a la criada y le dice:

— ¿Lavaste bien el pescado, muchacha?

— Y... ¿pa' qué?, si se pasó toda su vida en el agua...

—●—

Un borrachito sale de la cantina y ¡zas!, se estampa contra un poste, diciendo:

—¡Perdón señor!

Luego, da tres pasos y choca con otro poste.

—Disculpe usted —vuelve a decir.

Y así continúa tropezándose con todo, hasta que con mucha dificultad se recarga en una pared y dice:

—¡De aquí yo no me muevo hasta que termine de pasar el desfile!

—●—

—¿Cuál es el oficio más peligroso de los pollitos?

—Ser pollicías.

—•—

Un par de borrachitos platicaban:

—Oiga compadre, ¿qué le va a regalar a mi comadre el día de su santo?

—Unos anteojos... ¡Hip!

—¿Y eso por qué?

—Porque dice que no me puede ver...

—•—

Adivinanza:
Tengo alas y cola, y puedo volar,
pero no tengo plumas, ni pico
pa'picotear.
—¿Te das?
—El avión.

—•—

Un borrachito le dice a otro al ver que se les acerca una temible gorda:

—¡Oiga compadre! ¡Hip!, mire qué tanque.

La gorda los oye y les contesta:

—Tanque, ¡su abuela!

—Y es de guerra, compadrito. ¡Hip!

—•—

Un borracho bien fuertote y muy mal encarado, llega a la cantina:

—¿Quién jijos tiene más calzones que yo?

Nadie contesta, hasta que un tipo flaquito y chiquito dice entre dientes:

—Yo.

—¿Cómo dijo?

—Yo tengo muchos calzones, señor...

—¡Pues véndame dos! ¿no?

—●—

Un borrachito se encuentra recargado en un farol, toque y toque. Al verlo, un policía se le acerca:

—¿Qué hace golpeando ese farol?

—Toco para que me abran.

—Pero si aquí no vive nadie...

—¿Que no? ¡Hip! ¿Y por qué tienen la luz prendida?

—●—

Están de fiesta en la selva y el changuito anda ya bien cuete, entonces se pone a presumir dizque de muy macho:

—A mí todos me hacen los mandados, y por si no lo saben el león es el más cobarde de la selva.

La hiena, al oír esto, luego luego va de chismosa con el león, el cual de inmediato va a buscar al changuito y llega cuando éste está diciendo:

—Pues a mí el león no me sirve ni para el arranque.

Se acerca el león y le dice:

—Hola, changuito, ¿qué haces?

—Nada... aquí nomás de hocicón.

—•—

Se hallaba el león organizando la próxima fiesta de la selva, cuando de pronto lo interrumpe el sapo.

—¡Grrr! —se molesta el león, pero sigue explicando, cuando de pronto, ¡otra vez lo vuelve a interrumpir el sapo!

—¡Grrr! —ruge el león y esta vez más encolerizado. Sin embargo, continúa...

—...Y como les iba diciendo, habrá dulces y refrescos para todos...

Y de nuevo lo vuelve a interrumpir el sapo, por lo que el león sumamente molesto dice:

—Pero les aviso que los verdes, ojones y bocones no serán invitados.

Voltea el sapo y le dice al cocodrilo:

—¿Ya oíste hermano? Tú no podrás asistir.

—•—

Pepito le dice a su papá:

—Papi, ¿me das mil pesos?

—¡Por Dios!, hijo, ¿sabes lo que vale un peso?

—Sí, por eso te pido mil.

—●—

En el desierto dos beduinos comentan:

—A que no sabes por qué los camellos no pueden hacer pi-pí.

—No, no sé. ¿Por qué?

—Porque no tienen claxon.

—●—

—¡Mesero, mesero, una mosca en mi sopa!

—No puede ser, si yo vi dos.

—●—

Un enorme león camina por la selva y a su paso pregunta a los animales que se encuentra en su camino:

—¿Quién es el rey de la selva?

—Tú leoncito, tú —le contesta el venado asustado.

Se encuentra a otros animales y les hace la misma pregunta, y todos le contestan lo mismo: "Tú leoncito, tú".

Hasta que de pronto se topa con un elefante, y al gritarle también:

—¿Quién es el rey de la selva?

El elefante lo toma con la trompa, lo sacude con violencia y lo azota contra el suelo. Entonces se levanta el león todo lastimado y dice humildemente:

—Bueno, elefantito, si no sabes quién es, no es para que te enojes.

—●—

Adivinanza:

—¿Cuáles son las personas que ven cosas sólo por un agujero?

—¿Te das?

—Los tuertos.

—●—

Estaban dos loritos en su jaula y uno de ellos pregunta:

—Oye, lorito, ¿ya sabes cuál es el animal que cuando crece se convierte en fruta?

—No, lorito, ¿cuál?

—Pues el sapo.

—¿Por qué?

—Porque cuando crece se convierte en sapote.

Esta obra se terminó de imprimir,

en los talleres de Impresora Publimex, S.A.,
Czda. San Lorenzo núm. 279-32, Col. Estrella Iztapalapa,
C.P. 19820, México, D.F.,
se tiraron 1000 ejemplares, más sobrantes de reposición.
Febrero de 1999